AF330697

SOCIALISME

ET

SENS COMMUN.

SOCIALISME

ET

SENS COMMUN

PAR L. B. BONJEAN,

Représentant du Peuple.

Vanité!!!

PRIX 10 CENTIMES.

PARIS.

LIBRAIRIE Vᵉ LE NORMANT, RUE DE SEINE, 8.

MAI 1849.

AVIS AU LECTEUR.

Ce petit livre n'est fait ni par un savant, ni pour des savants.

Témoin des ravages produits dans l'imagination des ouvriers par les prédications socialistes, j'ai voulu me rendre compte de la valeur de ces doctrines.

J'ai lu, sans prévention, les écrits des principaux chefs du socialisme ; et, sur chacun de ces systèmes si divers, je me suis demandé, dans toute la sincérité de mon cœur, mais aussi dans toute l'impartialité de mon bon sens : — « *Ce que l'on propose est-il un* « *remède aux maux qui affligent l'huma-* « *nité?....* » Bien déterminé à me faire le très-humble, mais très-fervent prédicateur de celui de ces nouveaux évangiles qui me paraîtrait pouvoir améliorer la position de mes frères les bien moins partagés en ce monde.

Ce que j'ai trouvé, en ne consultant que les simples lumières du *sens commun*, ce qu'aurait trouvé, aussi bien que moi, le plus simple laboureur ou l'ouvrier le moins instruit qui aurait eu le loisir de se livrer au même examen, vous le verrez sincèrement dit, simplement écrit, si vous prenez la peine de lire les pages suivantes.

———

N. B. Ceux qui voudront étudier le même sujet, traité *scientifiquement*, *philosophiquement*, pourront lire plusieurs excellents ouvrages, notamment : les *Recherches sur les Réformateurs modernes*, de mon honorable collègue et ami Louis Reybaud ; l'*Histoire du Communisme*, de M. Alfred Sudre ; le *Communisme réfuté par l'Histoire*, de M. Franck ; des *Causes de l'Inégalité des Richesses*, par M. H. Passy ; le livre *de la Propriété*, par M. Thiers ; *Rente et Capital*, par M. Bastiat ; *l'Etat*, par le même auteur : ce dernier travail a été récemment reproduit en feuilleton dans le *Courrier de la Drôme*.

SOCIALISME

ET

SENS COMMUN.

Les couleurs de l'arc-en-ciel sont moins nombreuses que les différentes sectes qui ont pris pour drapeau commun le mot SOCIALISME. Toutes d'accord pour détruire la société actuelle, elles diffèrent, du blanc au noir, sur ce qu'il conviendrait de mettre à la place de cette société qu'ils maudissent : et non-seulement les *socialistes* diffèrent d'opinions, mais ils se méprisent, se détestent et se prodiguent, au nom de la fraternité, des injures que je ne me risquerais certes pas à répéter. (Voir, dans *le Peuple* et *la Démocratie pacifique* du mois de février 1849, la manière dont M. Proudhon traite M. Considérant, et dont celui-ci riposte à M. Proudhon.)

Quoi qu'il en soit, bien qu'on ait énormément écrit, et déclamé plus encore, au sujet du socialisme, peu de personnes s'en font une idée nette : cette idée, je voudrais bien pouvoir la donner en quelques pages : le socialisme apparaîtrait alors ce qu'il est en réalité, la plus étrange mystification dont une grande nation ait jamais été dupe : c'est la fable des *Bâtons flottant sur l'onde :*

De loin c'est quelque chose, et de près ce n'est rien.

Mais, avant d'essayer l'esquisse des divers systèmes, il convient de faire connaître l'opinion de quelques-uns de ses principaux apôtres sur la religion, la famille, la morale et la propriété.

§ Ier. — *Idées de quelques socialistes sur Dieu, la religion, la famille, la morale et la propriété.*

I. DIEU ET RELIGION.

Aucun des socialistes ne s'est expliqué, à cet égard, avec plus de franchise que M. Proudhon : on en jugera par ces passages extraits de son ouvrage fondamental : *Système des contradictions économiques.*

« Le premier devoir de l'homme intelligent et
« libre est de chasser incessamment l'idée de Dieu
« de son esprit et de sa conscience. Car Dieu, s'il
« existe, est essentiellement hostile à notre nature,
« et nous ne relevons aucunement de son autorité.

« Nous arrivons à la science malgré lui, au bien-être
« malgré lui, à la société malgré lui : chacun de nos
« progrès est une victoire dans laquelle nous écrasons
« la Divinité.....

« De quel droit Dieu me dirait-il encore : *Sois saint,*
« *parce que je suis saint?* Esprit menteur, lui répon-

« drai-je, Dieu imbécile, ton règne est fini ; cherche
« parmi les bêtes d'autres victimes..... » (PROUDHON,
tome Ier, page 415.)

« Nous étions comme des néants devant ta majesté
« invisible, à qui nous donnions le ciel pour dais, et
« la terre pour escabeau. Et maintenant te voilà dé-
« trôné et brisé. Ton nom, si longtemps le dernier
« mot du savant, la sanction du juge, la force du
« principe, l'espoir du pauvre, le refuge du coupa-
« ble repentant, eh bien ! ce nom incommunicable,
« désormais voué au mépris et à l'anathème, sera
« sifflé parmi les hommes. Car Dieu, c'est sottise et
« lâcheté ; Dieu, c'est hypocrisie et mensonge ; Dieu,
« c'est tyrannie et misère ; Dieu, c'est le mal. » (PROU-
DHON, *idem*, tom. Ier, p. 416-417.)

« La conclusion de la science sociale est celle-ci : Il
« n'y a pour l'homme qu'un seul devoir, une seule
« religion, c'est de renier Dieu : *Hoc est primum et
maximum mandatum.* » (PROUDHON, *idem*, liv. II,
p. 306.)

Vous venez d'entendre la démence du blasphème ;
écoutez maintenant la démence de l'orgueil : c'est encore M. Proudhon, annonçant sa fameuse *Banque du
Peuple* dans le journal *le Peuple* du 19 février 1849 :

« Je forme une entreprise qui n'eut jamais d'égale,
« qu'aucune n'égalera jamais.

« Je veux changer la base de la société ; déplacer
« l'axe de la civilisation ; faire que le monde qui,
« sous l'impulsion de la volonté divine, a tourné jus-

« qu'ici d'occident en orient, mû désormais par la vo-
« lonté de l'homme, tournera d'orient en occident. »

II. FAMILLE, MARIAGE.

Vous connaissez les idées du socialisme en fait de religion ; voici mantenant des échantillons de ses doctrines en fait de mariage et de famille.

PROUDHON, *I*er *Mémoire*, page 365. — « Entre la
« femme et l'homme, il peut exister amour, passion,
« lien d'habitude et tout ce qu'on voudra ; il n'y a pas
« véritablement société. *L'homme et la femme ne vont*
« *pas de compagnie.* La différence des sexes élève en-
« tre eux une séparation de même nature que celle
« que la différence des races met *entre les animaux.*
« Aussi, loin d'applaudir à ce qu'on appelle aujour-
« d'hui émancipation de la femme, inclinerais-je bien
« plutôt, s'il fallait en venir à cette extrémité, à *met-*
« *tre la femme en réclusion.* Le droit de la femme et
« ses rapports avec l'homme sont encore à déter-
« miner. »

FOURIER, *Théorie des quatre mouvements.* — « La
« liberté amoureuse commence à naître et transforme
« en vertu la plupart de nos vices, comme elle trans-
« forme en vices la plupart de nos gentillesses. On
« en établit divers grades dans les unions amoureu-
« ses. Les trois principaux sont :
« Les favoris et les favorites ;
« Les géniteurs et les génitrices ;

« Les époux et les épouses.

« Les derniers doivent avoir au moins deux enfants
« l'un de l'autre ; les seconds n'en ont qu'un ; les
« premiers n'en ont pas. Ces titres donnent aux con-
« joints des droits progressifs sur une portion de l'hé-
« ritage progressif.

« Une femme peut avoir A LA FOIS :

« 1° Un époux dont elle a deux enfants ;

« 2° Un géniteur dont elle n'a qu'un enfant ;

« 3° Un favori qui a vécu avec elle, et conserve ce
« titre ;

« Plus, de simples possesseurs qui ne sont rien de-
« vant la loi.

« Cette gradation de titres établit une grande cour-
« toisie et une grande fidélité aux engagements. Une
« femme peut refuser le titre de géniteur à un favori
« dont elle est enceinte ; elle peut ainsi, dans un
« cas de mécontentement, refuser à ces divers hom-
« mes le titre supérieur auquel ils aspirent. Les hom-
« mes en agissent de même avec leurs diverses fem-
« mes. Cette méthode prévient complétement l'hypo-
« crisie dont le mariage est la source. En civilisation,
« l'on obtient tous les droits à perpétuité, dès que le
« lien fatal est formé. De là vient que la plupart des
« époux et des épouses se plaignent, au bout de quel-
« que temps, d'avoir été *attrapés*, et ils demeurent
« attrapés pour la vie. Ces attrapes n'existent pas dans
« le *ménage progressif*. »

La plus immonde promiscuité des sexes, voilà donc
le progrès auquel les phalanstériens veulent conduire

cette union que le christianisme a faite et si noble et si sainte.

Que de passages plus effrontés encore ne pourrais-je pas emprunter aux autres ouvrages du célèbre socialiste, notamment à son livre des *Séries passionnelles...* Mais je dois m'arrêter : cet écrit pourrait tomber entre les mains de vos femmes et de vos filles ; et leur pureté doit ignorer à jamais de telles turpitudes.

Et voilà cependant les hommes qui se disent les continuateurs du Christ ! — Car, suivant eux, Jésus fut *le premier des socialistes,* comme, suivant les rouges, il fut *le premier des sans-culottes.*

Arrière, blasphémateurs !

Jésus prêchait l'amour du prochain, vous fomentez la haine entre les citoyens.

Jésus disait de rendre à César ce qui est à César ; vous érigez la propriété en vol, et le vol en vertu.

Jésus enseignait le renoncement aux plaisirs du corps... Vous êtes les apôtres des plus sales voluptés.

III. MORALE ET CONSCIENCE.

Voici maintenant les idées que M. Proudhon se fait sur la moralité, la conscience et la science du bien et du mal.

« L'instinct de la société, le sens moral, lui est
« commun (à l'homme) *avec la brute,* et quand il s'i-
« magine, pour quelques œuvres de charité, de jus-
« tice et de dévoucment, devenir semblable à Dieu, il
« ne s'aperçoit pas qu'*il n'a fait qu'obéir à une im-*

« *pulsion toute animale*. Nous sommes bons, ai-
« mants, compatissants, justes, en un mot, comme
« nous sommes colères, gourmands, luxurieux et
« vindicatifs, c'est-à-dire COMME DES BÊTES, *nos ver-*
« *tus les plus hautes se réduisent, en dernière ana-*
« *lyse, aux excitations aveugles de l'instinct.* »

Et plus loin :

« La conscience du bien et du mal n'établit pas,
« relativement à la moralité, une différence essen-
« tielle *entre l'homme et les bêtes.* » (PROUDHON,
*I*er *Mémoire*, pages 246 et 247.)

IV. PROPRIÉTÉ.

Tous les socialistes, il faut le reconnaître, ne blas-
phèment pas avec l'audace de Proudhon, tous n'ont
pas, en matière de mariage, le cynisme de Fourier et
de Saint-Simon.... mais tous attaquent plus ou moins
le principe de la propriété : peccadille en vérité, en
comparaison des énormités que je viens de flétrir.

PROUDHON, *Contradictions économiques*, tome II,
page 328. — « *La propriété c'est le vol.* Il ne se dit
« pas en mille ans deux mots comme celui-là. Je n'ai
« d'autre bien sur la terre que cette définition de la
« propriété : mais je la tiens plus précieuse que les
« millions des Rothschild, et j'ose dire qu'elle sera
« l'événement le plus considérable du règne de Louis-
« Philippe. »

Mais si la propriété c'est le vol, nous sommes en
France 25 millions de voleurs, qui devrions aller bien
vite remplacer, au bagne et dans les maisons cen-

trales, les cinquante mille *martyrs de la propriété,* comme les appellent les socialistes.

§ 2. — *Des principales formes du socialisme.*

Je l'ai dit plus haut, il est un point, un seul, sur lequel sont d'accord toutes les sectes socialistes. A les entendre, rien de plus mal ordonné, de plus inique, de plus infâme que le régime sous lequel nous vivons. L'homme exploité par l'homme, le pauvre par le riche, le faible par le fort ; des classes entières vouées par la misère à la corruption, au vice, au crime... Et comme cet ordre social repose tout entier sur la *famille* et la *propriété,* les novateurs en concluent qu'il faut supprimer la propriété, détruire la famille.

Mais, ô grands réformateurs, votre tableau est faux, absolument faux pour nos campagnes, c'est-à-dire pour les *deux tiers* de la nation : nos paysans sont presque tous propriétaires, ils ont les 19/20es du sol ; et ils seront bien surpris en apprenant que vous les considérez comme voués à la corruption, au vice et au crime. — Votre tableau n'est vrai, et seulement sous certains rapports, que pour les ouvriers industriels qui s'accumulent si malheureusement dans nos grandes cités manufacturières ; et ces ouvriers s'élèvent à peine à *un* million sur 35 millions d'hommes dont se compose la nation française.

Encore, même pour cette classe de citoyens, votre tableau est-il indignement exagéré : oui, dans les temps de *chômage* qu'entraînent les crises commerciales ou politiques, oui la misère y est grande, grande à déchirer le cœur. Mais la société est-elle donc coupable de tous ces maux? — N'est-il pas vrai que ces misères proviennent aussi, en partie du moins, des imperfections inhérentes à notre pauvre humanité, et dont les ouvriers ne sont pas plus exempts que les autres? N'est-il pas vrai que les ouvriers industriels, si admirables d'intelligence, de dévouement, de patriotisme, manquent en général de prévoyance, d'ordre et d'économie? N'est-il pas vrai que, dans les temps prospères, ils songent peu à économiser pour les temps de chômage ou de maladie; qu'ils se laissent entraîner trop souvent aux dépenses du cabaret et aux jouissances coûteuses qu'offrent les grandes villes? — N'est-il pas vrai enfin que ceux qui savent résister à ces malheureux défauts, arrivent presque tous à un état meilleur? N'est-il pas vrai que les plus riches industriels de France ont commencé par être de simples ouvriers, seulement ouvriers plus laborieux, plus économes que les autres? Et combien ils seraient plus nombreux, ces favoris de la fortune, si, malgré des causes de misère trop réelles, les ouvriers des villes avaient la frugalité et l'économie des gens des campagnes!

Voilà la vérité : mais vous vous gardez bien de la dire aux ouvriers ; vous préférez verser le vitriol sur leurs blessures, égarer leur raison, et les pousser au désordre qui tue, avec le travail, le pain du travailleur. Vous flattez les ouvriers, comme les courtisans flattent les rois, non pour eux, mais pour vous, pour satisfaire, qui sa vanité d'auteur, qui son ambition politique ; vous les poussez aux barricades, et, pendant qu'ils se battent en braves, vous vous tenez à l'écart.

Au surplus, voyons les remèdes que vous proposez.

I. *Première forme de Communisme :* LES PARTAGEUX.

Il ne suffit pas, disent-ils, que les Français soient égaux *devant la loi ;* ils doivent l'être aussi *devant la fortune.* Cette doctrine n'est pas nouvelle : elle fut celle des anabaptistes, qui, au 16ᵉ siècle, remplirent l'Allemagne de carnage et de ruines ; elle rêve le *partage égal*, entre tous les hommes, de tous les biens meubles et immeubles.

Cette forme de communisme est la plus brutale, mais aussi la moins dangereuse : elle peut germer dans quelques esprits grossiers ; mais elle est si évidemment absurde, qu'à ma connaissance au moins elle n'a jamais été présentée théoriquement par aucun auteur : ces idées de partage viennent en effet se briser devant une double impossibilité.

Impossibilité du partage lui-même.... Comment diviser entre les 35 millions de Français les terres, les maisons, les machines, les objets d'art, etc., etc.... ? Selon les calculs les plus probables, l'ensemble de la richesse nationale est d'environ 70 milliards, ce qui donnerait 2,000 fr. pour chaque français : comment composer 35 millions de lots ; comment les distribuer de manière à contenter tout le monde, quand, dans le moindre partage entre deux ou trois héritiers, il est si rare que chacun soit satisfait de son lot?

Passons sur cette difficulté; le partage opéré, combien durerait-il? — *Un jour?* Non; car l'ivrogne, le joueur, le paresseux aurait avant ce temps entamé son lot et grossi d'autant celui du laborieux, de l'économe, de l'intelligent.

Que faire alors? Recommencer le partage de temps en temps?... Mais ce serait vouloir une nation de paresseux et de prodigues : pourquoi, en effet, travailler, économiser, si je ne dois pas conserver? Ce serait duperie.

Encore une fois, je ne parle du système des *partageux* que pour mémoire : saufs dans quelques clubs obscurs, personne n'oserait avouer qu'il y pense.

II. *Communisme proprement dit :*
L'ÉTAT PROPRIÉTAIRE DE TOUT.

Le véritable Communisme, celui de Morelly, de Babeuf, de Cabet, ne se propose pas un partage impossible; il espère amener à *l'égalité des fortunes* par un procédé différent qu'il faut étudier avec soin, car il est le type de tous les systèmes socialistes, même de ceux qui paraissent le renier avec le plus d'indignation. Ce procédé le voici :

L'égalité des fortunes étant impossible entre les hommes, à raison des différences qui existent entre eux sous le rapport de l'intelligence, de la santé, de la prévoyance, etc., etc., pour obvier à l'inégalité des fortunes, il s'agit seulement de supprimer la propriété privée, et de tout donner à l'État.

Le Gouvernement, seul propriétaire de tous les biens meubles et immeubles, sera aussi le seul industriel, le seul commerçant. Chacun de nous, accomplissant la tâche qui lui sera imposée, ne pourra rien avoir en propre, mais il recevra chaque jour la ration nécessaire à la subsistance du jour. Nul souci d'ailleurs de la famille, car on nous débarrassera de nos enfants, qui seront tous élevés en commun, aux frais du Gouvernement.

Que de bienfaits renfermés dans cette idée si simple!... Plus de souci, plus de tracas, plus d'impôts, plus de rivalités de position, de fortune; plus de procès, d'avocats, de notaires... N'ayant rien ni les uns ni les autres, sur quoi nous disputer?

Tel est le paradis terrestre que le Communisme nous promet : toutefois, avant d'accepter le marché qu'on propose, tâtons un peu la marchandise; car les plus belles apparences peuvent tromper.

Et d'abord ce système n'est pas nouveau.

Les communistes peuvent invoquer l'exemple de certaines castes indiennes, et aussi celui de la fameuse Sparte. Mais, dans l'Inde comme à Sparte, ce système reposait sur la division du peuple entre maîtres et esclaves; et nous ne voulons plus d'esclaves.

Ils peuvent citer encore la vie en commun des *couvents* et celle de nos *régiments*; mais moines et soldats ne sauraient servir de règle. — Le moine adopte, par esprit religieux, la vie de renoncement; le soldat la subit temporairement; mais généralement peu sensible aux charmes de la communauté, son service fini, il renonce volontiers à la vie en commun de la caserne, pour retourner à la vie de famille, au grand étonnement de messieurs les communistes. — D'ailleurs, n'oublions pas ce point : les *couvents* et les *régiments*, comment vivraient-ils, si la vieille société, cette société maudite par le socialisme, ne travaillait pas pour leur procurer le vivre et le reste? — Ces deux exemples ne prouvent donc rien.

En voici d'autres plus concluants.

Les jésuites avaient fondé en Amérique, au Paraguay, une colonie d'Indiens sur les principes du Communisme. Là, pas de propriété particulière : travail, prière, plaisirs, tout était en commun; le travail de chacun profitait à tous, et tous venaient prendre, au magasin commun, les choses nécessaires à la vie de chacun : c'est tout juste l'Icarie de M. Cabet, le Communisme par excellence, moins cependant la communauté des femmes. — Voici maintenant ce qui advint. Malgré l'incontestable habileté des jésuites, la docilité de la race indienne, les facilités d'un beau climat et la puissance de l'esprit religieux; malgré les secours que la société tirait d'Europe, le Paraguay ne vécut que d'une existence languissante, et ne tarda pas à périr. (Raynal; *Hist. phil. des deux Indes*.)

Voici mon second exemple; il est plus près de nous.
—En Égypte aussi, le Pacha est seul propriétaire, sinon
de tout, au moins de la plus grande partie du sol; il
s'est réservé le monopole de presque toutes les industries et celui du commerce extérieur : l'Égypte possède
donc l'élément principal du Communisme; que s'y pas-
se-t-il ?—Les voyageurs vous le diront; il est peu de
pays où le peuple soit plus esclave et plus misérable.

Pourquoi cela? descendons au fond de notre cœur,
nous en trouverons facilement l'explication.

Pourquoi travaillons-nous souvent au delà de nos
forces et au détriment de notre santé? pourquoi éco-
nomisons-nous, en nous sevrant des plaisirs les plus
légitimes ? — Est-ce pour l'unique plaisir de travailler
et d'économiser? Non bien évidemment. — Pourquoi
donc? C'est que nous espérons jouir du fruit de notre
travail, en faire jouir de notre vivant notre femme et
nos enfants, et le leur laisser à notre mort : or cette
jouissance assurée de ce que nous avons gagné en sus
des besoins de chaque jour, ce droit d'en disposer selon qu'il nous plaît, de le laisser en mourant à ces
enfants que nous aimons plus que nous-mêmes… c'est
précisément le DROIT DE PROPRIÉTÉ.

Supprimez la propriété privée… au lieu de cette
émulation du travail qui féconde, vous aurez l'*émulation de la paresse* qui stérilise : et, en effet, pourquoi
me tuerais-je de travail, pourquoi me priverais-je d'un
plaisir pour une foule de gens que je ne connais pas,
qui peut-être se livrent à de doux loisirs, tandis que

je brave pour eux l'ardeur du soleil ou les neiges de l'hiver?

Supprimez la propriété, et l'habileté, la sagesse consisteront, non à faire *mieux*, mais à faire *moins* que les autres.

Plus d'émulation, plus de progrès dans les arts, dans les sciences; l'espèce humaine se dégrade et s'abrutit.

Mais, diront les communistes, pourquoi le sentiment de la FRATERNITÉ ne pourrait-il suppléer à l'*émulation* que peuvent seuls entretenir la propriété et la famille?... Pourquoi? parce que M. Proudhon peut bien promettre à ses lecteurs de faire tourner d'orient en occident le monde qui tourne d'occident en orient; mais, quoi qu'il puisse dire, il ne changera pas l'œuvre de Dieu; et Dieu qui a créé l'homme pour la vie de famille, lui a donné un cœur dont la puissance d'amour et de dévouement s'affaiblit à mesure que s'élargit le cercle dans lequel il lui faut s'exercer. — Criez tant qu'il vous plaira, criez à l'égoïsme, j'y consens; mais tous vos cris ne changeront pas la nature humaine : il faut l'accepter telle qu'elle est; et telle qu'elle est, elle a profondément gravés en elle l'instinct de la famille et celui de la propriété.

Voici une anecdote que racontait, l'autre jour, à la tribune, un honorable représentant, M. Taillefer. — Le maréchal Bugeaud, grand partisan des colonies militaires en Algérie, en avait établi une, composée d'un

bataillon, dans un terrain défriché. — Les 5/6es du sol devaient être cultivés en commun, le dernier sixième seulement avait été divisé en lots, dont chacun avait été attribué, en toute propriété, à un colon. — Au bout d'un certain temps, le maréchal étant venu visiter la colonie, il se trouva que le sixième, divisé en lots particuliers, avait produit beaucoup plus que les 5/6es cultivés en commun. — Le maréchal s'étonnant de ce résultat, un vieux soldat lui répondit : « *Géné-*
« *ral, nous avions parmi nous des paresseux; et*
« *comme ils gagnaient autant que nous, nous nous*
« *sommes tous faits paresseux.* »

Mais, dira-t-on, si le sentiment de la *fraternité* est insuffisant, il y aura des châtiments pour stimuler la nonchalance et la paresse... Très-bien ; mais alors ce peuple, que vous voulez rendre si libre, descend à l'instant au niveau de ces troupeaux de nègres qui, dans nos colonies, travaillaient sous le fouet du commandeur, au niveau des forçats qui travaillent sous le bâton de l'argousin.

Et cette double analogie, que la puissance du raisonnement amène sous ma plume, est d'une étonnante exactitude : car l'esclave et le forçat ne diffèrent de l'homme libre que par la privation des droits que le Communisme veut anéantir. — Ce qui constitue l'homme libre, c'est le droit de régler, selon sa volonté, sa propre destinée, d'arriver au bonheur par la vertu, le travail et la prévoyance, ou de tomber dans le malheur par la paresse, la dissipation, le vice ; c'est le

droit de profiter de tout ce dont le produit de son travail dépasse les besoins de chaque jour, de capitaliser
cet excédant, de le posséder exclusivement, d'en disposer comme il l'entend, d'en être *propriétaire*, en
un mot; d'avoir une famille à aimer, à protéger, à gou-
verner. — L'esclave est celui auquel manquent les
droits que je viens d'énumérer; celui qui n'a pas le
droit de régler sa propre destinée; à qui vertu, activité, prévoyance sont inutiles, car il ne peut rien
posséder *en propre*, car tous ses efforts ne peuvent
rien ajouter à la subsistance qu'il reçoit chaque jour
du maître, à l'instar des animaux domestiques; celui
qui, enfin, ne peut avoir ni famille ni enfants : car
est-ce avoir des enfants que de rester sans action sur
leur éducation, que de ne pouvoir, en aucun cas,
faire quelque chose pour leur bonheur ?

Eh bien! c'est cet état misérable, cet esclavage que
le Communisme veut nous imposer, au nom de la liberté; car du moment où l'Etat sera seul propriétaire,
nous ne pourrons plus avoir rien en propre; nous
n'aurons plus de famille; car la famille de l'homme
ne se constitue pas seulement, comme celle de l'ani-
mal, des liens charnels, elle réside plus essentiellement encore dans le lien supérieur qui unit le père
aux enfants, par les sacrifices de l'un et la reconnais-
sance des autres.

Étrange aberration, en vérité!... Ils veulent, disent-ils, abolir le *prolétariat;* et, pour y arriver, ils
nous rendent tous prolétaires. Qu'est-ce, en effet,
qu'un prolétaire dans le sens moderne? C'est celui

qui ne possède rien, rien que son travail de chaque jour. — Eh bien ! sous le régime qu'ils veulent renverser, nous sommes au moins, en France, six millions de chefs de famille, propriétaires, ce qui, à quatre personnes par famille (le père, la mère et deux enfants), donne vingt-quatre millions de propriétaires sur trente-cinq millions de Français. — Avec le Communisme, nous serons tous prolétaires sans aucune exception, avec cette différence, toute en faveur du régime actuel, qu'au moins aujourd'hui le plus pauvre prolétaire a la possibilité, ou tout au moins l'espoir d'arriver à la propriété ; tandis que, sous le Communisme, nulle espérance de ce genre ne viendrait adoucir notre malheur : prolétaires nous naîtrions, prolétaires nous mourrions, sans avenir, sans espoir d'un sort meilleur ; dépourvus de cette spontanéité, de cet attrait puissant qui exalte l'homme luttant pour améliorer sa condition et celle de ses enfants ; notre vie s'écoulerait, triste et glacée, sans crainte mais sans espoir, sans douleur mais sans joie, comme la vie du chartreux qui a déjà rompu avec la terre.

Dans cet état de torpeur générale, ou plutôt dans cette émulation de paresse, suite nécessaire du Communisme, que deviendrait la *production ?* — Ce n'est que trop facile à prévoir ! — Elle deviendrait ce qu'elle était dans les 5/6es cultivés en commun par les colons du général Bugeaud ; elle décroîtrait rapidement, et bientôt serait *insuffisante à nourrir la population.*— Vous ne me démentirez pas, vous mes chers Compatriotes de la campagne, vous qui savez au prix de quel travail obstiné, incessant, la terre nous vend ses produits... Ce travail opiniâtre, que de l'aurore à la nuit vous accomplissez avec tant de fatigue, mais aussi tant de courage, en seriez-vous capables, si, au lieu de profiter à vous et à vos enfants, la moisson devait aller s'engloutir tout entière dans les magasins de l'Etat? — Non, bien évidemment; car s'il n'est, pour voir clair, rien comme *l'œil du maître*, il n'est, pour travailler fort, rien comme *le bras du propriétaire*.

On se plaint, aujourd'hui, du trop grand nombre d'employés du Gouvernement, et on a raison. — On se plaint que les impôts soient lourds, et on a bien raison encore... Mais, avec le Communisme, ce serait en vérité bien autre chose.

Le percepteur vous demande, aujourd'hui, environ un dixième de votre revenu; il prendrait tout; ou plutôt il ne vous prendrait rien, car vous n'auriez plus rien.

Puis, qu'on se figure, si on le peut, cette armée d'administrateurs, de directeurs, de surveillants, de percepteurs, de commis de tous genres et de tous grades, qui serait nécessaire pour régler et distribuer le travail agricole et industriel dans toutes les campagnes, villes et bourgs de la France entière; pour stimuler les travailleurs, punir les paresseux...; pour veiller à la rentrée et à la conservation, dans les magasins de l'Etat, des innombrables produits du travail commun, récoltes, denrées de toute espèce, objets manufacturés de toute nature... ; pour opérer ensuite entre tous, d'une manière équitable, la distribution de tout ce qui serait nécessaire à chacun, logement, nourriture, vêtement, et le reste. — En vérité, l'imagination s'effraie devant l'immensité d'une telle tâche ; la moitié de la nation serait employée à régenter l'autre ! — Puis les *distributeurs* seront-ils toujours équitables ? — Les *rationnés* seront-ils toujours *dociles* et *raisonnables ?* Chacun ne se plaindra-t-il pas que sa part de travail soit lourde, sa part de bien-être trop légère !... Que de mécontentements, de jalousies, de plaintes ! Et qui sera juge de ces innombrables querelles qui s'élèveront, à chaque instant, et sur tout : sur la nature et la quantité du travail, sur la quantité et la qualité du logement, de la nourriture, du vêtement attribués à chacun ?

Et les femmes, les mères, que leur sort sera doux ! Point de souci du ménage, plus besoin d'*économie*, la ration quotidienne du Gouvernement ne suffira-t-elle pas à tout ? Et d'ailleurs, à quoi bon l'économie, quand on ne peut être propriétaire de l'épargne ? — *Plus de tracas des enfants...* car ils seront élevés aux frais du Gouvernement. — Pour étouffer ce qu'il appelle l'*égoïsme de la famille*, le Communisme aura soin d'organiser l'éducation en commun des enfants, de manière à ce que les père et mère ne puissent reconnaître plus tard leurs enfants, ni être reconnus par eux : de cette manière, la famille n'existant plus, et les enfants n'ayant plus de parents *connus* à aimer, n'en seront sans doute que plus disposés à chérir tous les hommes comme des *frères*.

Comme il faut être vrai en tout, je dois reconnaître que tous les communistes ne suppriment pas aussi ouvertement la famille : M. Cabet, par exemple, le célèbre inventeur de la triste Icarie, pense qu'il convient de dissimuler à cet égard les conséquences nécessaires du Communisme : voici en quels termes il gourmande un de ses disciples qui n'avait pas été assez discret :

« Quoi donc ! est-ce que la communauté ne pour-
« rait d'abord exister pendant un nombre d'années
« plus ou moins considérables avec le mariage et la
« famille, sauf à les abolir quand on le voudrait et
« quand la nécessité s'en ferait impérieusement sen-
« tir ? Est-ce qu'il n'y a pas déjà assez de difficul-
« tés pour faire admettre l'idée de la communauté ?
« Est-ce que ce n'est pas l'idée de l'abolition de la
« famille qui effraie le plus les adversaires de la com-
« munauté ? Est-ce que ce n'est pas l'idée qui pré-
« sente le plus l'apparence de la débauche et de l'im-
« moralité (l'*apparence* seulement), et contre laquelle
« s'élève le respectable et redoutable hourra des
« défenseurs de la morale et de la pudeur ? Est-ce
« que ce n'est pas l'idée qui a tué les saints-simo-
« niens ? Est-ce que ce n'est pas celle que les en-
« nemis de la communauté exploitent le plus pour
« la noircir et l'entraver ! » (*Réponse à l'Humani-
« taire*, pag. 6.)

Voilà donc en résumé les bienfaits que nous promet le Communisme :

Anéantissement de tout ce qui constitue la noblesse et la grandeur de l'homme ici-bas, spontanéité, liberté, perfectionnement indéfini.

Anéantissement de toute émulation, partant de tout progrès.

Esclavage de tous les citoyens au profit de l'Etat.

Misère nécessaire, misère toujours croissante par le ralentissement inévitable de la production.

Anéantissement de ce qui fait notre bonheur moral, la famille avec ses soucis, mais aussi avec ses joies ineffables.

Où donc avez-vous vécu, novateurs malheureux, pour ne pouvoir comprendre que le plus pauvre des prolétaires, qui rentre le soir au logis de la famille, bien fatigué du labeur du jour, trouve encore dans les caresses de ses enfants, qui l'attendent au seuil, plus de joie et de bonheur que ne pourraient jamais en offrir l'insouciance d'esclave et le bien-être de bête de somme, que vous osez prêcher comme le remède à tous nos maux?

Bientôt, sans doute, la raison publique aura fait justice de la pompe philosophique sous laquelle vous cachez quelques misérables haillons dérobés à d'anciens rêveurs.... Mais en attendant, que de mal vous aurez fait !

M. Proudhon juge le Communisme au moins aussi sévèrement que nous : — « Le Communisme, pour

« subsister, supprime tant de mots, tant d'idées,
« tant de faits, que les sujets formés par ses soins
« n'auront plus le besoin de parler, de penser, ni
« d'agir ; ce seront des *huîtres attachées côte à côte*,
« sans activité ni sentiment, sur le rocher... de la fra-
« ternité. Quelle philosophie intelligente et progres-
« sive que le Communisme ! » (*Contradict. économiques*, tome II, p. 361.)

Et, plus véhément encore quelques pages aupara-
vant, M. Proudhon s'était écrié : — « *Loin de moi,
« communistes ! votre présence m'est une puanteur et
« votre vue me dégoûte !* »

Il faut être socialiste pour dire les choses si crû-
ment : mais si la forme est trop acerbe, le fond n'est
que trop juste.

Je vais parcourir maintenant très-rapidement les
autres sectes socialistes, et montrer qu'elles abou-
tissent toutes à un Communisme plus ou moins dé-
guisé.

III. — *Phalanstère.* — *Phalange.* — Fourier.

Le phalanstère de Fourier est au Communisme ce
qu'une commune est à la France entière, c'est-à-dire
qu'au lieu d'une seule communauté, embrassant tout
le peuple et tout le territoire français, il propose trente
ou quarante mille petites communautés d'environ
deux mille personnes chacune.

Les membres de la communauté forment la *pha-*

lange; ils vivent, en commun, dans une seule et grande maison qu'ils nomment phalanstère, sorte de *couvent* ou de *caserne.* — Le travail est en commun, ainsi que les produits, qui se distribuent entre les phalanstériens suivant certaines règles. — Sous ce rapport, comme l'a judicieusement observé Cabet, le phalanstère rentre dans le Communisme : aussi tout ce que j'ai dit plus haut de ce dernier s'applique très-bien au phalanstère.

Il convient toutefois de citer quelques traits particuliers à ce système.

En premier lieu, plus que toutes les autres, cette secte s'attaque à la famille et à la morale.

J'ai déjà fait connaître les idées de Fourier sur le *mariage progressif;* et je n'oserais porter mes citations plus avant ; j'ajoute seulement, en termes généraux, que le *plaisir* est la seule religion des phalanstériens. Comme les *saint-simoniens,* avec lesquels ils ont d'ailleurs tant d'analogie, ils se révoltent contre la morale spiritualiste du Christ, et veulent *réhabiliter le culte des passions et de la chair.*

Dans un discours prononcé à l'Assemblée Nationale, le 14 avril, M. Considerant, le disciple et le continuateur le plus dévoué de Fourier, disait :

« Les temps de l'obéissance sont passés ; les hom-
« mes se sentent égaux, ils veulent être libres : *ils ne*
« *croient pas et ils veulent* JOUIR : *voilà l'état des*

« *âmes.* » — « *Dites l'état des brutes !* » interrompit M. de Larochejaquelein.

En second lieu, pour triompher de la paresse naturelle à l'homme, quand il n'est pas stimulé par l'aiguillon de la propriété, les phalanstériens paraissent peu compter sur la *fraternité ;* ils ne veulent pas non plus recourir aux *voies de rigueur ;* mais ils ont une recette précieuse, c'est de rendre le TRAVAIL AT-TRAYANT.

Chacun choisit le travail qui lui agrée le plus, et peut en changer aussi souvent que bon lui semble. Tous les travaux d'ailleurs s'exécutent en cadence et sont entremêlés de chants, de danses et autres divertissements. Ainsi le laboureur, couronné de myrthe, conduit sa charrue au son de la musique, et, entre deux sillons, se repose en dansant avec quelque belle travailleuse, couronnée de roses. — Tout est prévu d'ailleurs, les costumes, les couleurs, tout, jusqu'aux fleurs des couronnes et des bouquets, sans lesquels le bon phalanstérien se garderait bien de se mettre à la besogne.

Un travail si *attrayant* ne produit pas seulement les plus riches moissons ; il doit changer bientôt la face de la terre. — M. Proudhon nous promet seulement de faire tourner la terre au rebours de ce que Dieu avait ordonné ; c'est bien autre chose que promet Fourier :... *L'eau salée de la mer se changera en une limonade rafraîchissante.....* Enfin, pour dernier progrès, si nous sommes bien sages, il finira par nous pousser au bas de l'échine une *queue avec un œil au bout;* ce qui, entre autres avantages, nous permettra de voir, de tous côtés, sans avoir besoin de tourner la tête.

Si tout cela n'était pas imprimé, et dans de gros volumes encore, personne ne voudrait y croire; tout au moins penserait-on que celui qui écrivait de pareilles folies était un échappé de Charenton... Et cependant, il faut l'avouer : non-seulement Fourier ne fut pas mis à Charenton, mais on en a fait presque un demi-dieu; et il se trouve aujourd'hui encore un homme de talent pour propager sa doctrine.

Pauvre humanité! que sont ta sagesse et ta science, quand Dieu t'abandonne à ton orgueil?

Sommes-nous trop sévères?... Ecoutez M. Proudhon : — « Le système de Fourier répugne aux amis « de l'association libre et de l'égalité, par sa tendance « à effacer dans l'homme la distinction et le carac- « tère, en supprimant la possession, la famille, la « patrie, triple expression de la personnalité hu- « maine.... Nul ne sait tout ce que renferme de *bê-* « *tise et d'infamie* le système phalanstérien. » (*I*er *Mémoire*, p. 145.)

M. Proudhon se prononce plus énergiquement encore dans son grand ouvrage :

« Passons vite sur les constitutions des *saint-si-* « *moniens, fouriéristes* et autres *prostitués*, se fai-

« sant fort d'accorder l'amour libre avec la pudeur,
« la délicatesse, la spiritualité la plus pure. Triste
« illusion d'un *socialisme abject, dernier rêve de la*
« *crapule en délire!...* »

IV. *Organisation du travail.* — M. LOUIS BLANC.

Inventeur de la trop fameuse organisation du travail, M. Louis Blanc a toujours protesté contre toute tendance communiste; et cependant nul système n'y tient de plus près que le sien. — Il déclare vouloir respecter la propriété, mais il la rend impossible; et du reste il reconnaît lui-même que c'est transitoirement seulement que son système conserve la propriété.

D'après M. Louis Blanc, toute la misère, qui existe en ce monde, a pour cause la *concurrence.* Si les ouvriers sont si malheureux, c'est que la concurrence outrée entre les patrons tend incessamment à faire baisser le *salaire*, en augmentant la durée du travail.

Voici maintenant le remède. Pour tuer la concurrence, il faut écraser l'industrie privée par une concurrence irrésistible, celle de l'État. En conséquence :
« le gouvernement lèverait un emprunt dont le produit
« serait affecté à la création d'ateliers sociaux dans
« les branches principales de l'industrie nationale.
« Les capitaux seront fournis par l'État aux ateliers
« *gratuitement et sans intérêt.* » —Chaque atelier
principal aura des succursales en nombre convenable.
— Dans tous les ateliers sociaux, *la durée du travail*

sera réglée à la satisfaction des travailleurs, qui d'ailleurs, en vertu du principe de l'égalité et de la fraternité, recevront tous *même salaire*, sans égard à la différence des capacités. — Plus tard, dans les conférences du Luxembourg, M. Louis Blanc a reconnu que l'égalité des salaires n'était pas équitable ; mais comment la corrige-t-il ?... En payant l'ouvrier habile et actif plus que le maladroit et l'indolent ?... Dieu l'en garde ! ce serait trop contraire à la fraternité : s'il déroge à l'égalité, c'est pour régler le salaire, non d'après le travail exécuté, mais d'après les *besoins du travailleur*. On ne pouvait assurément rien imaginer de mieux pour encourager la paresse et la gourmandise, pour décourager l'ouvrier frugal et habile.

Le même système sera étendu aux campagnes : au moyen de l'abolition des successions collatérales : « les valeurs dont ces successions se composent se-« ront déclarés *propriétés communales* et inalié-« bles. » — Sur ces biens communaux seront organisés des ateliers nationaux agricoles, commandités par l'État, sans intérêt.

Voici maintenant les résultats que M. Blanc espère de son système :

L'industrie privée ne pourra supporter la concurrence des ateliers nationaux : d'abord parce qu'elle paye intérêt des capitaux qu'elle emploie, et que les ateliers nationaux n'en payeront aucun ; ensuite parce que tous les ouvriers ne manqueront pas d'abandonner les ateliers privés, assurés qu'ils seront de trouver, avec moins de travail, un salaire supérieur dans les ateliers nationaux. — L'industrie, écrasée par cette concurrence de l'État, ne tardera pas à mourir et à se fondre dans les ateliers nationaux.

L'atelier national *agricole* produira, plus lentement, mais aussi sûrement, le même effet relativement à la propriété *privée*, qui finira par disparaître.

« L'Etat, d'ailleurs, sera considéré comme le ré-
« gulateur suprême de la production, et investi, pour
« accomplir sa tâche, d'une grande force. »
Cela est assez clair : c'est le *despotisme*.

Voilà tout le système.... Qu'est-ce, sinon le Communisme pur ? — N'est-il pas évident, en effet, qu'au bout d'un temps très-court pour l'industrie, et un peu plus long pour la propriété agricole, toute propriété privée aura disparu ; que l'*Etat sera devenu seul et unique propriétaire, seul et unique industriel, seul et unique commerçant;* que tous les citoyens seront descendus au rang de simples ouvriers des ateliers nationaux? Or qu'est-ce que cela, sinon le Communisme pur, avec les désastreuses conséquences que j'ai signalées plus haut?

Dans son livre publié avant la révolution, M. L. Blanc avait usé de tous les artifices de langage pour dissimuler autant que possible les conséquences de sa théorie. Membre du Gouvernement provisoire, président de la commission du Luxembourg, idole de cent mille ouvriers fanatisés par sa parole, la violence du prédicateur socialiste ne connut plus de bornes. Les discours, insérés au *Moniteur*, étaient déja assez forts, et cependant, l'enquête l'a prouvé, on avait soin de faire disparaître les passages les plus violents. En voici des exemples révélés par l'enquête :

« ..... Nous parlons d'avoir, de former une assem-
« blée de députés ; vous êtes une assemblée de députés ;
« vous êtes l'assemblée des députés du peuple ; et que
« l'Assemblée Nationale s'installe ou non, celle-ci,
« j'en ai la confiance, ne périra pas...

« Étant presque enfant j'ai dit : Cet ordre social est
« inique ; j'en jure devant Dieu, devant ma conscience,
« si jamais je suis appelé à régler les conditions de cette
« société inique, je n'oublierai pas que j'ai été un des
« plus malheureux enfants du peuple, que la société
« a pesé sur moi. Et j'ai fait, contre cet ordre social
« qui rend malheureux un si grand nombre de nos
« frères, le *serment d'Annibal*...

« Mes amis, sachez-le, vous serez non-seulement
« puissants, vous serez non-seulement riches, *vous*
« *serez rois*. — Car tous les hommes sont égaux,
« tous les hommes sont rois...

« Au point de vue moral comme au point de vue
« matériel, le système sur lequel est basé la société
« est un système infâme !

« Votre concours peut nous être utile par la force
« que vous nous communiquez ; force morale qui doit
« nous mettre en état de dire à l'Assemblée : Voici
« les projets de lois que nous présentons ; ces projets
« de lois, ce n'est pas Albert, ce n'est pas Louis
« Blanc qui les présentent, c'est le peuple représenté

« par ses délégués ; traitez avec lui, et maintenant
« qu'il est organisé, repoussez-le, si vous l'osez ! »

Et l'on s'étonnera ensuite que de malheureux ouvriers exaltés jusqu'au délire par de pareilles prédications,. aient fait les journées de juin !

Inutile de relever ici tout ce qu'il y a d'inique dans
un système qui prend dans la poche de *tous*, pour
prêter *gratuitement* à *quelques-uns ;* qui oblige l'industrie privée à contribuer, par les impositions
qu'elle paie, à la concurrence qui doit l'écraser.

Inutile de rappeler que la concurrence n'est qu'une
des formes de la liberté ; qu'anéantir la concurrence,
c'est anéantir l'émulation.

Inutile de montrer qu'en général les salaires, loin
de baisser, se sont au contraire constamment élevés
depuis quarante ans.

J'ai prouvé que la prétendue organisation du travail
n'était que le Communisme pur ; et cela doit suffire.

M. Proudhon, que je ne me lasse pas de citer,
comme la plus grande autorité des doctrines nouvelles, M. Proudhon fait ainsi la part de M. L. Blanc :
« Par le mélange perpétuel qu'il fait dans son livre
« des principes les plus contraires, l'autorité et le
« droit, la propriété et le Communisme, l'aristocra-
« tie et l'égalité, le travail et le capital, la récompense
« et le dévouement, la liberté et la dictature, le libre
« examen et la loi religieuse, M. Blanc est un *vérita-*

« *ble hermaphrodite, un publiciste au double sexe.* »
(*Contradict. économ.*, tome Ier, p. 226.)

Puis, après avoir analysé le système de L. Blanc, M. Proudhon s'écrie dans un autre endroit : « ..... Et, « de fait, qu'objecter à une conception *aussi radica-* « *lement nulle?* » (*ibid.*, page 230.)

V. *Droit au travail.*

Droit au travail !.... C'est la formule la plus perfide qu'ait imaginée le Communisme. Quand il se montre à visage découvert, le Communisme révolte si profondément la conscience et la raison, qu'il cesse d'être dangereux. Mais la formule *droit au travail,* loin de révolter notre raison ou notre cœur, nous attire et nous séduit : pour qui n'en sonde pas les conséquences, rien de plus moral, de plus raisonnable, et surtout de plus inoffensif ; et cependant, pour qui veut y réfléchir un instant, il n'est pas de chimère socialiste plus creuse, plus impraticable, plus subversive de toute société.

Le droit au travail, pour les individus, c'est pour l'Etat l'obligation de fournir, à quiconque en manque, une occupation suffisamment lucrative pour qu'il en puisse vivre.

Mais de quel travail entend-on parler ?

Est-ce du travail des ateliers nationaux créés après Février, c'est-à-dire d'un travail uniforme pour tous, d'un travail de terrassement... Mais, alors, le droit

au travail est dérisoire : oui, il est dérisoire de mettre une pioche, une pelle, une brouette dans les mains
d'un peintre, d'un ciseleur, d'un bijoutier, d'un horloger, d'un tailleur, etc., etc. Il est par trop évident
qu'appliqués à un labeur si différent de celui auquel
ils sont habitués, les prétendus travailleurs souffri-
ront beaucoup, feront peu ou rien, et que le prétendu
droit au travail ne sera en définitive qu'une *aumône
déguisée.*

Entend-on que l'Etat devra fournir à chacun les
moyens d'exercer sa profession habituelle? au tisseur,
des étoffes à tisser; à l'horloger, des montres à faire;
au peintre, des tableaux, etc., etc. : mais, alors, il
faudra que l'Etat fournisse aussi au médecin, des malades à guérir; à l'avocat, des causes à plaider. —
Voilà donc l'Etat transformé en entrepreneur général de toutes les industries, de toutes les profes-
sions, de tous les arts, de tous les métiers, de
toutes les sciences; il devra posséder en propre des
manufactures, des *ateliers,* des *machines,* des *instru-
ments,* des *matières premières* de toute nature, avec
le *personnel* nécessaire pour diriger, surveiller le travail et les travailleurs, acheter les matières premières,
placer les produits, etc.

Ce n'est pas tout.

Entend-on que l'Etat aura ses ateliers nationaux ou-
verts *en tout temps,* ou seulement dans les temps de
crise commerciale, dans les temps de *chômage :* cela
importe beaucoup.

Si l'Etat a ses ateliers en permanence, même aux époques où d'ailleurs les travailleurs pourraient trouver de l'occupation dans les ateliers privés, nous retombons dans le système de M. Louis Blanc : l'Etat écrasera l'industrie privée par la concurrence, et nous entrons en plein Communisme. — Les ateliers nationaux auront en outre le grand inconvénient d'être une excitation perpétuelle à la *grève :* sûrs de trouver du travail à l'instant dans les ateliers de l'Etat, les ouvriers voudront faire la loi aux patrons, ce qui n'est pas plus équitable que, pour les patrons, de dicter la loi aux ouvriers.

L'Etat n'ouvrira-t-il, au contraire, les ateliers que dans les temps de crise commerciale et de chômage..., les inconvénients changent de nature, non de gravité. — En premier lieu, quand le chômage aura pris fin, que fera l'Etat du *matériel* et du *personnel* de ses ateliers? — En second lieu, d'où vient le chômage dans les ateliers privés? Il vient de ce que la *production* est obligée de s'arrêter momentanément, le plus souvent parce qu'elle a d'abord exagéré son activité : en pareil cas, les fabricants sont forcés de renvoyer une partie de leurs ouvriers, jusqu'à ce que le *trop plein* des produits fabriqués se soit écoulé : mais si l'atelier national entre alors en activité, ce trop plein ne s'écoulera jamais; le chômage ne pourra finir; et la concurrence de l'Etat, achevant d'écraser l'industrie privée, finira par l'absorber, ce qui nous ramène encore au Communisme.

Ce n'est pas tout encore.

L'Etat n'a rien, rien que ce qu'il puise dans la bourse de chacun de nous : ainsi, pour subvenir aux incalculables dépenses des ateliers nationaux, il faudra augmenter indéfiniment les impôts, c'est-à-dire prendre à ceux qui ont été prévoyants et économes, pour entretenir toujours et constamment du travail et un salaire élevé aux ouvriers des grandes villes, qui, comptant sur cette ressource assurée, auront encore moins de prévoyance et d'économie qu'à présent ; et malheureusement ils en ont fort peu. — Est-ce juste ? Est-il juste que les laborieux habitants des campagnes s'épuisent en perpétuels sacrifices pour nourrir, dans l'imprévoyance, les ouvriers des grandes villes ?

Je crois inutile de développer davantage des idées si simples ; il suffira d'avoir appelé l'attention sur quelques-unes des conséquences pratiques du prétendu *droit au travail*, pour que l'homme, le moins habitué à réfléchir, soit à l'instant convaincu qu'une pareille chimère n'a pu surgir que dans le cerveau des brouillons qui flattent les populations agglomérées des grandes villes, parce que ce sont les populations des grandes villes qui font les révolutions et *donnent le pouvoir*.

Du reste, l'incompatibilité du *principe de la propriété* avec le *droit au travail* a été hautement reconnue par M. Proudhon lui-même, quand il disait à l'Assemblée nationale : « *Passez-moi le droit au « travail, et je vous passe le droit de propriété.* »

VI. *Intervention de l'Etat dans la fixation des salaires, les institutions de crédit, etc., etc.*

J'arrive maintenant, en les confondant sous un titre commun, à divers systèmes, enfants perdus, partisans honteux du Communisme, qui, n'osant attaquer de front la propriété et la famille, cherchent à les assassiner traîtreusement par derrière. Ces communistes déguisés sont très-nombreux : ne pouvant les suivre tous, je les saisis et les démasque dans leur forme la plus générale, la plus usuelle : *l'intervention de l'Etat* dans une foule de choses où il n'a rien à faire, notamment dans la fixation du *salaire* et dans les *institutions de crédit.*

Jusqu'à ces derniers temps on avait pensé que moins le Gouvernement se mêle des affaires particulières, plus il y a de liberté dans un pays. Les Américains et les Anglais, qui s'y connaissent, ont toujours abandonné, à l'action libre et spontanée de la spéculation privée, une foule de points dans lesquels, en France, nous faisons intervenir l'autorité de l'Etat. Nos communistes déguisés tiennent, au contraire, à faire intervenir l'Etat en toutes choses, sachant très-bien que cette intervention, poussée au delà de certaines limites, conduit tout droit au *Communisme.*

I. *Intervention de l'Etat dans la fixation des salaires.* — Si nous étions seuls dans l'univers, cette idée serait sans doute encore fort injuste ; mais, en l'état des choses, elle est absurde et impraticable.

Si tout le genre humain ne formait qu'un seul peuple, soumis au même Gouvernement, la fixation des salaires par voie d'autorité serait à la rigueur possible : mais ce serait là une mesure tout à la fois très-absurde, très-injuste, très-contraire à la liberté, et qui ne ferait que du mal. — Le *salaire* est le prix du travail, et le prix du travail, comme celui de toutes les autres valeurs, denrées et marchandises, varie à l'infini, varie d'un jour à l'autre, en raison et de sa *qualité*, et du *besoin* qu'on en éprouve... tantôt plus, tantôt moins élevé, suivant que le travail presse ou se rallentit. Et comme il est évident qu'un règlement général, décrété par l'Etat, ne pourrait tenir compte de ces variétés infinies, il en résulterait que, tantôt le salaire légal serait trop élevé, eu égard aux besoins du commerce, et alors, plutôt que de travailler à perte, les fabricants arrêteraient les travaux ; que tantôt, au contraire, il serait inférieur, et que l'ouvrier ne tirerait pas de son travail tout ce qu'il serait juste qu'il en tirât. — D'ailleurs, si vous réglez législativement le salaire du *travail* des ouvriers proprement dits, vous êtes fatalement conduits à régler de même tous les autres éléments de la production, et vous arrivez ainsi au *maximum* général de toutes les valeurs, de toutes les denrées, de toutes les marchandises... Or, qui donc ignore aujourd'hui que les lois de *maximum* ont toujours ruiné les pays qui y ont eu recours ?

Voici ce qui est encore plus décisif.

Les partisans de toutes ces folles inventions ne paraissent pas se douter que la France n'est pas le genre humain, et qu'il existe, à côté de nous, des peuples indépendants qui certes n'accepteraient pas les règlements qu'il nous plairait de faire. Ceci rappelé, voici ce qui arriverait. — Nul ne l'ignore, nous sommes loin de consommer tout ce que nous produisons : nos soieries, nos draps, nos meubles, notre bijouterie, notre quincaillerie, sont en très-grande partie vendus dans les pays étrangers. Mais, dans les pays étrangers, nous avons, pour rivaux d'industrie, les Anglais, les Suisses, les Allemands, etc. ; et pour soutenir cette concurrence, il faut que nous puissions offrir nos marchandises à aussi bon marché qu'eux-mêmes. — Or, pour vendre à aussi bon marché, il faut que nous puissions fabriquer à aussi bon compte ; et comme la *main-d'œuvre* est un des éléments principaux du *prix de revient*, si le prix de cette main-d'œuvre, au lieu de varier selon les variations du commerce lui-même, était, une fois pour toutes, réglé par la loi, il arriverait, neuf fois sur dix, que nos fabricants seraient dans l'impossibilité de soutenir la concurrence de la fabrique étrangère.

C'est ce qui est arrivé après Février, lorsque moitié de gré, moitié de force, les fabricants de Paris se soumirent aux exigences du Luxembourg sur les *heures de travail* et le *prix du salaire :* le prix de revient augmenta si rapidement, que la plupart des commandes, adressées d'Amérique en France, durent être envoyées en Angleterre, et qu'à Paris tous les ateliers durent se fermer.

Ce qui est arrivé alors arrivera toujours, toutes les fois qu'on voudra faire intervenir l'autorité du Gouvernement dans des marchés qui, pour être équitables, doivent être librement débattus.

II. *Intervention de l'Etat dans les institutions de crédit.* — On voudrait que l'Etat établît des banques, dans lesquelles les travailleurs pauvres pourraient trouver, à un intérêt très-minime, les capitaux dont ils peuvent avoir besoin pour devenir maîtres à leur tour.

Cette idée est séduisante au premier abord ; et si je ne consultais que mon cœur, je serais fort disposé à être de ce socialisme-là : malheureusement ce n'est encore qu'une illusion, une chimère impossible à réaliser.

Et d'abord, ou l'Etat sera tenu de prêter au premier venu, sans avoir le droit d'examiner les garanties qu'offre l'emprunteur... mais où prendre l'argent pour satisfaire aux demandes qui alors arriveraient de toutes parts? L'or de la Californie, du Mexique et du Pérou réunis n'y suffirait pas un seul jour. — Ou bien, au contraire, et on ne peut l'entendre autrement, l'Etat aura le droit d'apprécier la moralité, la capacité, tout ce qui constitue commercialement la solvabilité d'un homme.... et alors vos banques nationales sont inutiles : le crédit privé n'a jamais fait défaut à l'ouvrier habile, laborieux, économe : et, à tout prendre, cet ouvrier, tel que je le suppose, trouvera plus facile accès auprès des personnes qui connaissent son mérite, qu'auprès des froids commis de l'Etat, toujours préoccupés de la crainte de se compromettre.

Mais, dit-on, l'Etat prêtera à 3, à 2 0/0, tandis que le capital privé se loue 5 à 6 0/0, quelquefois plus. — Rien de mieux si la chose est possible ; malheureusement il est certain qu'elle ne l'est pas. Encore une fois, l'Etat n'a rien, rien, que l'argent qu'il puise dans nos poches : or les frais de perception de l'impôt, en compensant les directs et les indirects, s'élèvent à 13 0/0 : comment l'Etat pourrait-il donc prêter, à 2 et 3 0/0, ce qui lui revient, à lui, à 13 0/0 ? — A ce compte, l'Etat (c'est-à-dire *nous tous*) perdrait 10 0/0 sur chaque affaire. — Croit-on que cela pût durer longtemps?

M. Proudhon a fort bien réfuté cette utopie des banques d'Etat : — « La situation, loin de s'amélio-
« rer, empirerait, et la société marcherait à une
« prompte dissolution, puisque le monopole du cré-
« dit entre les mains de l'Etat aurait pour résultat
« inévitable d'anihiler partout le capital privé, en lui
« déniant son droit légitime, *celui de porter intérêt.*
« Si l'Etat est déclaré commanditaire, escompteur
« unique du commerce, de l'industrie, de l'agricul-
« ture, il se substitue à ces milliers de capitalistes
« et de rentiers vivant de leurs capitaux et forcés, dès
« lors, au lieu de manger le revenu, d'entamer le

« principal. Bien plus , en rendant les capitaux inu-
« tiles, il arrête leur formation , ce qui est rétro-
« grader par delà la deuxième époque de l'évolution
« économique. On peut hardiment défier un gouver-
« nement, une législature, une nation d'entrepren-
« dre rien de pareil : de ce côté la société est arrêtée
« par un mur de métal qu'aucune puissance ne sau-
« rait renverser. Ce que je dis là est décisif et ren-
« verse toutes les espérances des socialistes mitigés
« qui, sans aller jusqu'au communisme, voudraient,
« par un arbitraire perpétuel, créer au profit des
« classes pauvres... une organisation du crédit de
« l'Etat, c'est-à-dire la *suppression du capital privé,*
« *la stérilité de l'épargne.* » (*Contrad. économ.*, t. II,
page 124.)

Il est vrai que nos charlatans, qui ne sont jamais
à court de ressources, ont imaginé un procédé com-
mode pour fournir à l'Etat tous les fonds nécessaires...
c'est le *papier-monnaie*, les *assignats*... c'est-à-dire
des chiffons de papier sur lesquels on imprimera 100,
1,000 ou 10,000 francs, mais qui n'en resteront pas
moins des chiffons de papier, en dépit de toutes les
prétendues garanties dont on promet de les entourer.
— Dans un pays qui a vu le régime des *assignats*,
je défie à tout gouvernement d'émettre du *papier-monnaie*, AVEC COURS FORCÉ... Cela ne se discute plus.

III. Il y a encore une autre façon très-prônée d'attaquer la propriété, c'est l'*impôt progressif.*

M. Proudhon, si puissant dialecticien quand il est dans le vrai, s'est chargé d'en faire raison : « La con-
« séquence de l'impôt progressif, dit-il, sera que les
« grands capitaux seront dépréciés et la médiocrité
« mise à l'ordre du jour. Les propriétaires réaliseront
« à la hâte, parce qu'il vaudra mieux pour eux
« manger leur propriété que d'en retirer une rente
« insuffisante. Les capitalistes rappelleront leurs
« fonds, ou ne les commettront qu'à des taux usurai-
« res ; toute grande exploitation sera interdite ; toute
« fortune apparente poursuivie ; tout capital dépassant
« le chiffre du nécessaire proscrit. La richesse, refoulée.
« se recueillera sur elle-même et ne sortira plus qu'en
« contrebande, et le travail, comme un homme atta-
« ché à un cadavre, embrassera la misère dans un
« accouplement sans fin. — Après avoir prouvé la
« contradiction et le mensonge de l'impôt progressif,
« faut-il que j'en prouve encore l'iniquité ? — L'impôt
« progressif arrête la formation des capitaux, de
« plus il s'oppose à leur circulation. Après avoir
« froissé tous les intérêts et jeté la perturbation sur le
« marché par ses catégories, l'impôt progressif arrête
« le développement de la richesse et réduit la valeur
« vénale au-dessous de la valeur réelle. Il rapetisse,
« il pétrifie la société. Quelle tyrannie ! quelle déri-
« sion ! — L'impôt progressif se réduit donc, quoi qu'on
« fasse, en un deni de justice, une défense de pro-
« duire, une confiscation. C'est l'arbitraire sans limite
« et sans frein donné au pouvoir sur tout ce qui, par
« le travail, par l'épargne, par le perfectionnement

« des moyens, contribue à la richesse publique. »
(*Contrad. éconoum.*, tom Ier, page 310.)

VII. *Plus de capital, d'intérêt, de rente.*
— M. PROUDHON. — M. LEDRU-ROLLIN.

Aucun des socialistes anciens ou modernes n'a escaladé la célébrité avec autant d'audace que M. Proudhon ; aucun surtout n'a possédé à un degré égal le génie du sophisme.

En 1840, pour son début, il entre dans la carrière par son Mémoire : *Qu'est-ce que la propriété ? La propriété c'est le vol.* — Puis, estimant sans doute la *propriété* morte et bien morte de ce seul coup, il cherche une thèse plus retentissante encore, et s'attaquant à DIEU même, il affirme l'avoir écrasé.

Reste à savoir comment il comblera le vide assez considérable, il faut en convenir, que sa double victoire va faire dans l'univers.

Cela n'est pas facile à dire ; car, si M. P. Leroux est peu clair, M. Proudhon est bien changeant. C'est la contradiction faite homme.

Le premier ouvrage de M. Proudhon se terminait par une touchante prière adressée à la Divinité contre les propriétaires (1840). — Dans ses *Contradictions économiques*, vous savez comment il blasphème la Divinité (1846). *Première contradiction.*

Dans ce même traité des *Contradictions économi-*

ques, M. Proudhon avait flagellé, avec une verve et une âpreté incomparables, tous les systèmes socialistes; il avait flétri le *Communisme* comme une absurdité, le *phalanstère* comme une bêtise et une turpitude, la république *démocratique* comme une œuvre d'impuissant... Et aujourd'hui, dans le journal *le Peuple*, il se proclame le champion de la république *démocratique et socialiste*. — *Seconde contradiction.*

Dans son premier Mémoire, M. Proudhon avait dit : « Pour moi, j'en fais le serment, je serai fidèle à mon « œuvre de démolition; je ne cesserai de poursuivre « la vérité à travers les ruines et les décombres...Que « m'importent à moi le repos et la sécurité des riches? « Je me soucie de l'ordre public comme du salut des « propriétaires. » — Et puis, dans le Prospectus de la Banque du Peuple (février 1849), M. Proudhon proteste contre le reproche d'avoir attaqué la propriété : « Je proteste qu'en faisant la critique de la propriété, « ou pour mieux dire de l'ensemble d'institutions dont « la propriété est le pivot, *je n'ai jamais entendu,* « *ni attaquer les droits individuels reconnus par les* « *lois antérieures, ni contester la légitimité des pos-* « *sessions acquises*, ni provoquer une répartition ar- « bitraire des biens, ni mettre obstacle à la libre et « régulière acquisition, par vente ou échange, des pro- « priétés, ni même interdire ou supprimer, par décret « souverain, la rente foncière et l'intérêt des capi- « taux. » — *Troisième contradiction.*

Le système fondamental de M. Proudhon, prêché

par lui, sous toutes les formes, dans ses livres comme dans les journaux, c'était la proscription du capital, de l'argent ; plus de *numéraire*, plus de *vente*. Spécifique souverain, l'*échange* devait suffire à tout.—Puis, quand il s'agit de fonder sa fameuse *Banque d'échange*, décorée du titre pompeux de *Banque du Peuple*, comme le plus vulgaire banquier, M. Proudhon s'adresse très-humblement à ce même capital si conspué, à ce numéraire si dédaigné. — *Quatrième contradiction.*

Enfin, car il faut en finir, dans son Prospectus de la *Banque du Peuple*, M. Proudhon avait dit :
« Je forme une entreprise qui n'eut jamais d'égale,
« qu'aucune n'égalera jamais... Je veux changer la
« base de la société, déplacer l'axe de la civilisation,
« faire que le monde qui, sous l'impulsion de la vo-
« lonté divine, a tourné jusqu'à ce jour d'occident en
« orient, mû désormais par la volonté de l'homme,
« tourne d'orient en occident (Journal *le Peuple*, n° du
« 19 février 1849). — Je fais serment devant Dieu
« (*devant Dieu !!!*) et devant les hommes, sur l'Evan-
« gile et sur la Constitution, que je n'ai jamais eu ni
« professé d'autres principes de réforme sociale que
« ceux relatés dans le présent acte, — et que je ne
« demande rien de plus, rien de moins que la libre et
« pacifique application de ces principes et de leurs
« conséquences logiques, légales et légitimes. — Je
« déclare que, dans ma pensée la plus intime, ces
« principes, avec les conséquences qui en découlent,
« *sont tout le socialisme*, et que, *hors de là, il n'est*

« *qu'utopie et chimère*. . . . . — Ceci est
« mon testament de vie et de mort. A celui-là seul
« qui pourra mentir en mourant, je permets d'en soup-
« çonner la sincérité. — Si je me suis trompé, la rai-
« son publique aura bientôt fait justice de mes théo-
« ries ; il *ne me restera qu'à disparaître de l'a-*
« *rène révolutionnaire, après avoir demandé pardon*
« *à la société et à mes frères du trouble que j'aurai*
« *jeté dans leurs âmes*, et dont je suis, après tout, là
« première victime. — Que si, après ce démenti de
« la raison générale et de l'expérience, je devais cher-
« cher un jour, par d'autres moyens, par des *sugges-*
« *tions nouvelles, à agiter encore les esprits, et en-*
« *tretenir de fausses espérances*, j'APPELLERAIS *sur*
« *moi, dès maintenant, le* MÉPRIS DES HONNÊTES GENS
« ET LA MALÉDICTION DU GENRE HUMAIN. »

La Banque du Peuple, l'œuvre grandiose qui con-
tient tout le système socialiste, tombe au milieu des
sifflets : M. Proudhon *se retire-t-il de l'arène révolu-*
tionnaire ? demande-t-il *pardon à ses frères du trou-*
ble qu'il a jeté dans leurs âmes ?... Que vous connaissez mal nos grands hommes socialistes ! Il ne baisse
pas la voix d'un demi-ton ; au contraire, il se fait plus
menaçant que jamais :

« ..... Le monde n'a plus le temps d'attendre le
« résultat de nos expériences ; il faut être les maîtres
« ou disparaître ; il faut vaincre ou périr dans le
« champ-clos de la révolution. — Vaincre ! c'est-à-
« dire porter au pouvoir le principe démocratique et
« social. Dès lors, à quoi bon la Banque du Peuple ?

« A quoi bon les bureaux de la rue Saint-Denis? La
« Banque de France n'est-elle pas là?...

« Pour moi, la Banque du Peuple est une machine
« déjà insuffisante et d'un trop tardif résultat! Je
« cherche quelque chose de plus prompt : *Majus opus*
« *moveo*. Je croyais la société morte, bien morte : il
« paraît qu'elle respire encore..... » (Journal *le
Peuple* du 12 avril 1849.) — (*Cinquième contradiction.*)

Faut-il maintenant examiner et juger le système
de M. Proudhon... mais lequel? celui de 1840 ou celui
de 1846? celui des *Contradictions économiques* ou
celui de la Banque du Peuple? car rien de plus varié,
de plus mêlé, de plus changeant que le prétendu système du célèbre socialiste.

Et d'abord, M. Proudhon a-t-il un système quel-
conque, bon ou mauvais?

Il a tout attaqué, Dieu et la société, le capital et
la rente, la propriété et le Communisme, les socialistes de toutes couleurs, Fourier, Louis Blanc et autres... Il a bafoué le suffrage universel, la démocratie, la République... Il a traité *le National* de *crétin*,
et la rue de Poitiers de *réactionnaire*... Il n'est rien,
en un mot, ni dans le ciel ni sur la terre, qui n'ait
subi sa morsure... Mais, mordre ainsi et tout et toujours, sans trève ni repos, ce peut bien être symp-
tôme de rage et preuve d'un orgueil délirant qui
veut faire du bruit à tout prix, qui préfère être mau-

dit de tout le genre humain que de rester obscur ; cela peut prouver bien d'autres choses encore ; mais ce n'est pas là un SYSTÈME SOCIAL.

Je comprends encore les autres socialistes : ils proposent de renverser l'ancienne société, mais chacun d'eux a, en poche, l'utopie qu'il veut mettre à la place : c'est ridicule, absurde, mauvais, impossible, tant que vous voudrez ; mais, au moins, c'est l'*apparence de quelque chose*... Avec M. Proudhon, la société renversée, que reste-t-il ? le *néant*.

On ne peut, en effet, donner le nom de *système* à quelques sophismes isolés d'économie politique, qui, fussent-ils aussi bons qu'ils sont mauvais, aussi vrais qu'ils sont faux, ne combleraient pas la millionième partie du vide que laisserait l'œuvre de destruction que ce malheureux homme poursuit avec une si diabolique persévérance. De l'immense chaos des écrits de M. Proudhon, voici en effet les seules propositions un peu claires que j'aie pu extraire :

1°. Pour assurer l'égalité des conditions, M. Proudhon veut que les œuvres de l'homme soient rémunérées, non d'après la valeur que leur a toujours donné l'opinion universelle, mais uniformément et d'après le *nombre d'heures de travail* qu'elles ont coûté à créer : de telle façon que l'artiste de génie, qui aura passé huit jours à créer un chef-d'œuvre, ne reçoive pas plus que le terrassier qui, pendant le même temps, aura creusé un grossier fossé le long du chemin. —

Je ne sais si, par cette ingénieuse découverte, on arriverait à l'*égalité des conditions*, rêve de M. Proudhon ; mais, ce qui est bien certain, c'est qu'en détruisant ainsi toute émulation, on arriverait bientôt à l'égalité de la paresse et de l'ignorance, à l'abrutissement de l'espèce, à la ruine de toute civilisation.

2º. M. Proudhon supprime encore l'emploi du numéraire, de la *monnaie d'or et d'argent :* il raye de nos codes et de nos usages le contrat de *vente*, et ne veut plus admettre que l'*échange*. — Mais comme l'échange ne serait pas praticable d'homme à homme ; comme il est impossible, par exemple, que le bottier, qui vient de terminer une paire de bottes, et qui a besoin de pain, de vin, de viande, puisse offrir en même temps sa paire de bottes au boulanger, au boucher, etc., M. Proudhon crée la BANQUE D'ÉCHANGE. — Cette Banque recevra tous les produits du travail de l'homme, tarifés d'après la durée de *temps* nécessaire à leur création. Elle délivrera en échange des mandats *payables en nature.* — Ainsi, le bottier portera sa paire de bottes à la Banque d'échange, et recevra un ou plusieurs mandats, contre lesquels boulanger, boucher, marchand de vin devront délivrer au bottier le vin, le pain, la viande nécessaires. — Peut-on rien concevoir de plus creux et de plus ridicule ? — Et d'abord, à moins que vous ne généralisiez le système, que vous ne l'imposiez de force à toute la population, il est évident que vos *bons d'échange*, vos *chiffons de papier* n'auront jamais dans l'opinion la valeur de la *monnaie métallique*; que, comme les assignats, ils seront promptement dépréciés. En Prusse, il y a des thalers-*métallique* et des thalers-*papier* : allez au marché, la première question du paysan, comme celle du marchand, est celle-ci : « *Payerez-vous en argent* ou *en papier ?* » Et, suivant la réponse, le prix de la marchandise diffère considérablement : ainsi en serait-il des chiffons de la Banque d'échange. — En second lieu, quel service rendrait votre Banque ? Le plus qu'elle pût faire, serait de remplacer complétement la *monnaie*... Laissez-nous donc la monnaie, à laquelle nous sommes habitués, et gardez vos chiffons de papier, qui ne nous inspirent nulle confiance. — En vérité, était-ce la peine de faire tant de bruit, depuis tant d'années, pour arriver à si maigre résultat ?

3°. M. Proudhon repousse comme infâmes la *rente*, le *loyer*, *l'intérêt de l'argent*, *l'infernal capital*, comme dit M. Ledru-Rollin : il veut la *gratuité du crédit*... Ceci est encore plus fou que le reste.—Pourquoi travailler, économiser, nous *créer un capital*, comme on dit, si, quand la vieillesse amènera l'âge du repos, nous n'avons pas le droit de tirer, de notre épargne capitalisée, une *rente* qui nous fasse vivre ? —*Vous mangerez votre capital*, répond M. Proudhon. —C'est fort bien dit ; mais, mon capital mangé, si je vis encore, que deviendrai-je ? — M. Proudhon devrait au moins créer un *hospice* spécial pour les partisans de son système ; et justement il oublie ce point essentiel.

Au surplus, toute la France le sait aujourd'hui, M. Proudhon a fait, ces derniers temps, un essai pratique de son système : il a fondé à Paris la *Banque du Peuple*, au mois de février 1849.

Quelques semaines s'écoulent : malgré la pompe des annonces, les excitations de toute la presse socialiste, le capital boude son ancien ennemi ; la caisse de la Banque du Peuple reste vide ou à peu près ; elle n'obtient même pas l'*échange* du mobilier nécessaire à la réalisation de ses magnifiques promesses ; car elle dépense en frais d'installation plus de moitié du capital social.

Versements des actionnaires. .	17,933 fr.	» c.
Frais d'installation.	8,147	85
Frais de menuiserie	mémoire.	
Reste net.	8,785	15 c.

Jamais chute plus lourde n'avait terminé mystification plus hardie. Le rival de Dieu, celui qui devait faire tourner le monde d'orient en occident, se trouvait précipité au-dessous du plus vulgaire spéculateur.

Puis sont venues les querelles édifiantes entre le dieu de la Banque du Peuple et les apôtres qui l'assistaient dans le grand œuvre de la *deuxième création* du monde.

La prosaïque justice a mis fin au débat, en apposant les scellés sur la banque *mort-née;* et le second créateur du monde est allé, au delà de la frontière,

se faire, comme il l'a dit lui-même, « *commis-voya-*
« *geur de la Banque du Peuple* A L'ÉTRANGER. »
(Article signé Proudhon, journal *le Peuple* du 16
avril 1849.)

Et voilà le grand résultat auquel on devait arriver
après tant de déclamations, de fanfaronnades et de
blasphèmes... Voilà les dieux nouveaux pour lesquels
tant de milliers d'ouvriers ont abandonné la foi de
leurs pères ; voilà les espérances auxquelles ils ont
sacrifié leur propre bonheur et le repos de leur patrie !

M. Proudhon a eu cependant un succès qui peut
le consoler de bien des échecs : il a converti M. Ledru-Rollin, qui jusque là avait été considéré comme
tout à fait étranger au socialisme. M. Ledru-Rollin
est, au surplus, le plus laconique des socialistes : l'IN-
FERNAL CAPITAL, tel est, en effet, la formule con-
cise par laquelle l'ancien ministre de l'intérieur fit
adhésion aux doctrines de Proudhon, dans le fameux
banquet du Chalet.

VIII. *La Triade.* — M. PIERRE LEROUX.

Si M. Pierre Leroux ne revendiquait pas sans cesse
le titre de *socialiste*, je n'oserais véritablement pas le
faire figurer dans cette galerie ; car j'ai beau l'écouter

quand il parle à la tribune, et il y parle longuement, j'ai beau lire ceux de ses ouvrages qui me sont tombés sous la main, même son fameux projet de *Constitution*, il m'a été impossible de rien comprendre à sa TRIADE, sinon que M. Leroux attache au nombre *trois* de telles vertus, que c'est toujours *par trois* qu'il explique toutes choses, en politique, tout aussi bien qu'en morale et en philosophie. Je ne sais pourquoi il a dérogé à son système à l'occasion du *drapeau national*, auquel il regarde comme si essentiel d'ajouter une *quatrième* couleur, la couleur d'or, qu'il fait de cette addition un article formel de son projet de Constitution.

Je n'ai, du reste, rien à dire de M. Pierre Leroux; et si j'en parle, c'est uniquement pour qu'on ne puisse pas me reprocher d'avoir méchamment passé sous silence l'un des plus célèbres, mais aussi des plus inintelligibles apôtres du socialisme.

J'ajoute, à l'honneur de M. Pierre Leroux, que nul écrivain n'a flétri en termes aussi énergiques la doctrine de Fourier (*Revue sociale*, fin de 1846 et premiers mois de 1847); ce qui ne l'empêche pas de soutenir au besoin les disciples de Fourier. (*Assemblée nationale*, séance du 14 avril.)

Je suis enfin arrivé au bout de ma tâche rebutante.
J'ai parcouru successivement les différentes sectes socialistes : qu'il me soit permis, en terminant, d'emprunter, en l'appliquant à M. Proudhon lui-même,
cet énergique résumé qu'il a donné de tout le socialisme, dans sa *Lettre à Villegardelle* :

« Quant aux faits et gestes du socialisme, je renonce
« à vous en entretenir ; la tâche serait au-dessus de
« ma patience, et ce serait dévoiler *trop de misères*,
« *trop de turpitudes*. Comme homme de réalisation et
« de progrès, je répudie de toutes mes forces le socia-
« lisme *vide d'idées*, *impuissant*, *immoral*, *propre*
« *seulement à faire des dupes et des escrocs*. N'est-ce
« pas ainsi qu'il se montre depuis vingt ans, annon-
« çant la science, et ne résolvant aucune difficulté ;
« promettant au monde le bonheur et la richesse, et
« lui-même ne subsistant que d'aumônes et *dévorant,*
« *sans rien produire*, d'immenses capitaux ?...

« En présence de ce socialisme éhonté, de cette
« littérature fangeuse, de cette mendicité sans frein,
« de cette hébétude d'esprit et de cœur qui commence
« à gagner les travailleurs, *je suis pur des infamies*
« *du socialisme.* » (*Contradict. économiques*, tom. II,
pag. 396.)

Voilà le socialisme jugé par lui-même.

§ 3. — *Quelques idées sur les causes de la misère et les moyens d'y remédier.*

Je viens de montrer que les remèdes à la misère, indiqués par les socialistes, ne pouvaient que rendre la misère plus grande. Est-ce à dire qu'il n'y ait rien à faire? Non, Dieu me préserve d'un tel blasphème! En mettant dans notre cœur une insatiable aspiration au bonheur, Dieu n'a pas seulement voulu nous inspirer la pensée d'une meilleure patrie, il nous invite aussi à améliorer notre sort sur la terre; et la raison, l'expérience nous en indiquent les moyens.

Ces moyens, vous les connaissez aussi bien que moi, vous qui avez eu une bonne et sainte mère : car elle vous aura dit : *Bonne conduite, travail, persévérance.*

Je vous le dis, à vous qui souffrez, je le dis dans toute la sincérité de mon cœur : il y a, dans ces trois mots, si simples, plus de véritable science que dans tous les volumes des charlatans socialistes. Je veux essayer de vous le prouver, autant que peut le permettre le cadre trop restreint de ce petit écrit.

Les socialistes vous disent tous que *l'ordre social actuel* est cause de la misère.

J'affirme qu'ils vous trompent, et je vais le prouver.

I. Regardez, autour de vous, ceux dont la misère nous touche tous si profondément ; recherchez les causes qui les ont conduits à ce déplorable état ; vous en trouvez deux espèces principales : la misère *volontaire* et la misère *involontaire* ou *accidentelle*.

1°. *Misère volontaire.*—Nous sommes misérables, *volontairement*, par l'effet de nos VICES. — Ainsi, le *paresseux*, l'*ivrogne*, le *débauché*, le *joueur*, le *gourmand*, le *vaniteux*, le *prodigue*, s'ils n'ont rien reçu par héritage, n'acquièrent jamais rien ; et, s'ils ont hérité de quelque fortune, ne tardent pas à la dissiper.

En quoi la société est-elle coupable de cette misère-là ?

A quel titre serait-elle obligée de la soulager ? — Ne serait-il pas vraiment étrange, injuste, que la société, que l'Etat, vînt puiser dans les poches de ceux qui travaillent, qui économisent, pour alimenter la fainéantise, la gourmandise, la débauche ou la vanité !

Eh bien, je vous l'affirme, et pour peu que vous vouliez y réfléchir, vous serez convaincus que je dis vrai : plus de la moitié des misères n'a pas d'autre source.

Je ne sais pas ce qui se passe dans les divers départements ; mais ce que je sais, pour l'avoir vu mille fois, c'est qu'il y a, à Paris, des ouvriers qui gagnent 5, 6, 8 francs par jour, et qui, au lieu de mettre en réserve une partie du salaire pour les mauvais jours, font ce qu'ils appellent la *saint lundi*, souvent la *saint mardi*, c'est-à-dire mangent, en trois jours, ce qu'ils ont gagné en quatre.

Viennent ensuite les jours de chômage ou de maladie, ils n'ont pas un centime à la *Caisse d'épargne*... Ils sont alors bien malheureux ! et, sans nous piquer de socialisme, nous les secourons de notre mieux ; mais, franchement, n'ont-ils pas mérité leur malheur, et la société peut-elle en être rendue responsable ?

Vous reconnaîtrez sans doute qu'à pareilles misères il n'y a qu'un seul remède, un seul, le *changement de conduite :* c'est ce que les *socialistes* se gardent bien de vous dire, parce qu'ils ont intérêt à vous tromper ; mais je ne crains pas de vous le déclarer, moi qui suis plus soucieux de vous éclairer que de vous plaire ; moi qui, mêlé aux affaires de la société depuis vingt-cinq ans, ai vu comment on arrive de pauvreté à fortune, ou de fortune à pauvreté.

2°. *Misère involontaire.* — Il y a ensuite la misère involontaire, dont les causes sont malheureusement si nombreuses que je ne pourrais les énumérer toutes.

Les FLÉAUX NATURELS... qui trop souvent viennent détruire une partie de la subsistance de l'homme, ou des matières premières sur lesquelles s'exerce son travail : la *pluie*, la *sécheresse*, la *grêle*, la *gelée*, les *inondations*, les *épizooties*, etc., etc., qui font périr les récoltes, ruinent le cultivateur, font hausser le prix des denrées, en même temps qu'elles frappent l'industrie et le commerce, soit en obligeant les gens de la campagne à diminuer leurs achats, soit en rendant plus rare, plus chère, la matière première sur laquelle l'industrie s'exerce.

Les GUERRES, les RÉVOLUTIONS, les SÉDITIONS, les ÉMEUTES, etc., etc., qui effraient les capitaux, les obligent à se cacher, amènent chacun à diminuer ses dépenses, et, par le contre-coup de toutes ces causes, paralysent le commerce, arrêtent l'industrie, et enlèvent aux ouvriers le pain du travail.

Il y a encore les ACCIDENTS NATURELS, qui, avec un caractère moins général, n'en frappent pas moins rigoureusement les individus. — Les *incendies*, les *naufrages*, etc., etc., qui, en quelques instants, brisent des fortunes lentement et laborieusement acquises..., les *maladies*, les *accidents* qui, sous mille formes diverses, viennent inopinément mettre le travailleur dans l'impossibilité de gagner sa vie et celle de sa famille.

Sans pousser plus loin cette énumération, je demanderai aux socialistes : —En quoi la société est-elle responsable de toutes ces misères ? — Est-il donc en son pouvoir de prévenir, d'empêcher les mille accidents qui frappent trop souvent, comme un coup de tonnerre, l'homme laborieux et rangé, et lui infligent une misère non méritée?

II. Maintenant je vais montrer que, bien qu'elle n'en puisse être aucunement rendue responsable, la société a imaginé, pour tempérer et adoucir ces maux, qui ne sont pas son fait, des moyens plus efficaces que toutes les folles rêveries des socialistes.

Ces moyens, sans doute, ne sont ni parfaits ni complets; il reste beaucoup à faire; car si le mal arrive vite, le bien se fait lentement : il ne faut qu'une seconde pour briser un membre, il faut trois mois pour le rétablir. Ainsi en est-il dans l'ordre social; et c'est en méconnaissant cette nécessité, c'est en voulant faire, en une année, ce qui est le travail de plusieurs siècles peut-être, que les modernes et malhabiles médecins de la société augmentent les maux qu'ils prétendent guérir, en semant le désordre dans les esprits, la colère dans les cœurs, d'où résultent le désordre des rues, la ruine du commerce, et, par une conséquence nécessaire, la misère des ouvriers et celle non moins grande des patrons.

Et d'abord, même pour les misères *volontaires et méritées*, la société ne fait-elle pas ce qui dépend d'elle? — N'a-t-elle pas multiplié les moyens d'instruction qui peuvent, en formant la raison des hommes, les mettre en garde contre les vices qui font leur malheur? — La religion ne vient-elle pas en aide à l'instruction, en prodiguant ses conseils salutaires à ceux qui s'égarent, ses consolations à ceux qui souffrent, même d'un mal mérité?

Sans doute l'*instruction*, l'*éducation* ne sont pas encore aussi répandues que nous le desirons tous, parce que le bien ne s'improvise pas si vite; et néanmoins quel progrès depuis cinquante ans! — Consultez vos vieillards : il y a un demi-siècle un cultivateur, un ouvrier *sachant lire et écrire* était une rareté, un phénomène; aujourd'hui c'est tout le contraire; et, dans peu d'années, si les brouillons ne viennent pas y mettre obstacle, vous verrez bien d'autres progrès.

Quant aux malheurs immérités, que de sages et ingénieuses combinaisons ne pourrais-je pas citer, que nos aïeux ne connaissaient pas, et qui atténuent les plus grands fléaux! — Ainsi, grâce au système des *assurances*, qui chaque jour va se popularisant et se répandant, l'homme prévoyant peut se mettre à couvert de la plupart des fléaux et accidents; il peut, au moyen d'un léger sacrifice annuel, s'assurer contre la *grêle*, les *incendies*, les *épizooties;* il peut même, jusqu'à un certain point, s'assurer contre la mort, en ce sens que, s'il vient à mourir trop jeune pour avoir pu assurer à ses enfants un modeste héritage, cet héritage leur est fourni par l'assurance.

Tout cela vous semble peu de chose, parce que l'habitude vous a blasés...; mais combien il y a peu de temps encore que rien de tout cela n'était connu, et que le malheur arrivait, fatal, inévitable, sans que la prévoyance la plus grande pût en détourner ni affaiblir les coups!

N'est-ce rien non plus que ces *Caisses d'épargne*, dans lesquelles l'ouvrier peut utiliser immédiatement les plus légères économies, et se constituer ainsi honorablement, avec le temps, un modeste patrimoine! — Et ce patrimoine n'est pas si peu de chose que vous le pourriez croire; car, au moment de la révolution de février, les Caisses d'épargne étaient dépositaires de plus de *trois cent cinquante millions* appartenant en propre aux classes ouvrières. — Mais, chose triste à dire, et cependant incontestable, ce sont précisément les corps d'état qui gagnent les plus fortes journées, qui mettent le moins à l'épargne. — Encore une fois, est-ce la faute de la société? Pourrait-elle, *sans violer la liberté*, contraindre à l'économie ceux qui, dans leur folie, veulent tout dissiper?

Que d'établissements de bienfaisance n'a-t-on pas fondés, qui étaient complétement inconnus aux anciens!

Les hospices pour les pauvres malades.

Ceux pour la vieillesse incurable.

Les asiles pour les malheureux enfants abandonnés; pauvres innocentes créatures, qui autrefois périssaient délaissées, et auxquelles la charité de saint Vincent de Paul a ouvert des asiles qui sont toujours allés, depuis, en se multipliant et en s'améliorant!

N'avons-nous pas aussi, depuis quelques années, dans toutes les principales villes, des *salles d'asile* et des *crèches*, où sont soignés, surveillés et en grande partie nourris et vêtus, les enfants que le père et la mère sont obligés de quitter, pour se livrer aux travaux de leur profession?—Rien de pareil existait-il autrefois?

N'avons-nous pas, enfin, dans les principales villes, ces admirables *associations de secours mutuels*, dont chaque membre, moyennant une faible rétribution de 2 fr. par mois, en moyenne, est assuré de trouver des secours prompts et complets en cas de maladie, sans recourir à l'hospice, et dont plusieurs même ménagent à l'ouvrier, dans sa vieillesse, une petite pension de retraite?

Je n'en finirais pas, si je voulais énumérer tout ce que, depuis un demi-siècle, le génie de la véritable fraternité a imaginé de moyens ingénieux pour prévenir ou adoucir les maux inhérents à l'humanité.

Encore une fois, je le reconnais, tout cela n'est point encore ce que nous voudrions; mais tout cela se généralisera, se perfectionnera..... Pour cela, que faut-il? Il faut du *calme* et du *temps:* ce n'est point au milieu des émeutes, des tourmentes révolutionnaires, que l'on peut rien faire de vraiment utile.

Au surplus, tout imparfaites que soient encore nos institutions philanthropiques, comparez le bien qu'elles ont déjà réalisé avec ce que vous a donné le socialisme !

Qu'ont fait pour l'humanité tous ces prédicateurs dont la bouche est toujours pleine du mot *fraternité ?* — Rien, absolument rien. — Heureux, mille fois heureux s'ils se fussent bornés à ne rien faire ! mais quels maux n'ont-ils pas déchaînés sur notre malheureux pays ! Ils ont appris aux ouvriers à mépriser leur condition, en leur en exagérant les inconvénients ; ils les ont exaltés, détournés du travail, pour les jeter dans la rue, sur les barricades : en arrêtant ainsi le commerce et le travail, ils ont fait perdre à la France plus d'argent qu'il n'en faudrait pour créer tous les établissements qui nous manquent encore. — Hors cela, qu'ont-ils donné aux classes dont ils se posent les amis exclusifs ?.... De *grands mots....* des *chimères irréalisables,* ainsi que je crois l'avoir prouvé dans le § 2 de cet écrit.

Ouvriers, méfiez-vous de ces faux amis qui vous trompent, pour faire de vous un piédestal à leur ambition ou à leur vanité.

Croyez-en celui qui vous adresse ces paroles : il fut pauvre, peut-être plus qu'aucun de vous ; il n'eut pour héritage que le travail : parvenu, après de longs efforts, à une position meilleure, il vous affirme, *sur l'honneur*, il vous prouve, par son exemple, que, dans cette société, tant calomniée par les artisans de désordre, il y a toujours place pour les hommes de bonne volonté qui prennent pour devise ces trois mots déjà écrits, mais que je répète en terminant :

BONNE CONDUITE.

TRAVAIL.

PERSÉVÉRANCE.

Paris. — Imprimerie LE NORMANT, rue de Seine, 8.